The Fisherman and his Wife and Other Wishing Tales

مچھیرا اور اُس کی بیوی اور دُوسری کہانیاں

Eve Gregory and Dorothy Penman
Illustrated by Barbara Howden
Urdu version by Khalid Hasan Qadiri
Urdu calligraphy by Munir Ahmed

Edward Arnold

© Eve Gregory—Dorothy Penman 1985

First published in Great Britain 1985 by
Edward Arnold (Publishers) Ltd, 41 Bedford Square, London WC1 3DQ

Edward Arnold (Australia) Pty Ltd, 80 Waverley Road, Caulfield East, Victoria 3145, Australia

ISBN 0 7131 8266 0

Text set in 18/22 Futura Book
by The Castlefield Press, Moulton, Northampton
Printed and bound in Great Britain
at The Bath Press, Avon

Contents

فہرست

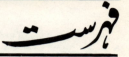

The Fisherman and his Wife

مچھیرا اور اس کی بیوی

Long ago, a poor fisherman and his wife lived in a hut by the sea.

بہت زمانہ گذرا ، ایک غریب مچھیرا اور اس کی بیوی سمندر کے کنارے ایک جھونپڑی میں رہتے تھے ۔

ایک دِن مچھیرے نے ایک چمک دار سُنہری مچھلی پکڑی ۔ "مہربانی کرکے مجھے مت مارو" اُس نے کہا "کیوں کہ مَیں اصل میں جادو کی مچھلی ہوں" مچھیرا رحم دِل تھا اور اس نے مچھلی کو واپس سمندر میں پھینک دیا ۔

One day the fisherman caught a shiny golden fish. 'Please don't kill me,' it said, 'for I am really a magic fish.' The fisherman was kind and threw the fish back into the sea.

7

The fisherman went home and told his wife. She said, 'Go and ask the fish to give us a cottage.'
'Our hut is good enough,' said the man.
But he went, just the same.

مچھیرا گھر گیا اور اپنی بیوی کو بتایا ۔ اس نے کہا ۔ ” جاؤ اور مچھلی سے کہو کہ وہ ہمیں ایک مکان دے“
” ہماری جھونپڑی کافی اچھی ہے“ آدمی نے کہا ۔
لیکن پھر بھی وہ چلا گیا ۔

9

The fisherman stood by the sparkling blue sea and called to the fish, 'Our hut is not good enough for my wife. She wants a cottage.' 'Go home,' said the golden fish, 'she has one.'

مچھیرا چمکتے ہوئے نیلے سمندر کے پاس کھڑا ہوا اور پکار کر مچھلی سے کہا :

"ہماری جھونپڑی بیوی کے لئے کافی اچھی نہیں ہے ۔ وہ ایک مکان چاہتی ہے "

"گھر جاؤ" سُنہری مچھلی نے کہا "اس کے پاس مکان ہے "

11

The fisherman went home and found
a beautiful cottage. 'Be happy
now,' he said to his wife. But
after a week she said, 'Go and
ask the fish to give us a mansion.'
'Our cottage is good enough,'
said the man.
But he went, just the same.

مچھیرا گھر گیا اور ایک خوبصورت مکان پایا ۔ "اب تو خوش ہو جاؤ" اس نے اپنی بیوی سے کہا ۔
لیکن ایک ہفتہ بعد اس نے کہا "جاؤ اور مچھلی سے کہو کہ وہ ہمیں ایک حویلی دے"
"ہمارا مکان کافی اچھا ہے" آدمی نے کہا ۔
لیکن پھر بھی وہ چلا گیا ۔

مچھیرا گہرے ہرے سمندر کے پاس کھڑا ہوا اور پکار کر مچھلی سے کہا۔
"ہمارا مکان بیوی کے لئے کافی اچھا نہیں ہے۔ وہ ایک حویلی چاہتی ہے۔"
"گھر جاؤ۔" سنہری مچھلی نے کہا "اس کے پاس حویلی ہے۔"

The fisherman stood by the deep green sea and called to the fish, 'Our cottage is not good enough for my wife. She wants a mansion.' 'Go home,' said the golden fish, 'she has one.'

The fisherman went home and found a grand mansion.
'Be happy now,' he said to his wife. But after two weeks she said,
'Go and tell the fish I want to be queen and live in a castle.'
'Our mansion is good enough,' said the man.
But he went, just the same.

مچھیرا گھر گیا اور ایک شاندار حویلی پائی ۔ "اب تو خوش ہو جاؤ" اس نے اپنی بیوی سے کہا ۔
لیکن دو ہفتے بعد اس نے کہا "جاؤ اور مچھلی سے کہو کہ میں ملکہ بننا چاہتی ہوں اور قلعہ میں رہنا چاہتی ہوں "
"ہماری حویلی کافی اچھی ہے" آدمی نے کہا ۔
لیکن پھر بھی وہ چلا گیا ۔

15

مچھیرا ٹھنڈے مٹیالے سمندر کے پاس کھڑا ہوا اور پکار کر مچھلی سے کہا :
" ہماری حویلی بیوی کے لئے کافی اچھی نہیں ہے ۔ وہ ملکہ بننا چاہتی ہے اور قلعہ میں رہنا چاہتی ہے "
" گھر جاؤ " سنہری مچھلی نے کہا ۔
" اس کے پاس قلعہ ہے "

The fisherman stood by the cold
grey sea and called to the fish,
'Our mansion is not good enough
for my wife. She wants to be queen
and live in a castle.'

'Go home,' said the golden fish,
'she has one.'

16

The fisherman went home and found a splendid castle and his wife with a crown on her head. 'Be happy now,' he said to her. But after three weeks she said, 'Go and tell the fish I want to make the moon rise and the sun set. I want to be god.'

'To be queen is good enough,' said the man. But he went, just the same.

مچھیرا گھر گیا اور اس نے نہایت شاندار قلعہ پایا ۔ اس کی بیوی کے سر پر تاج تھا ۔" اب تو خوش ہو جاؤ " اس نے اس سے کہا ۔ لیکن تین ہفتے بعد اس نے کہا " جاؤ اور مچھلی سے کہو کہ میں چاند کو نکالنا اور سورج کو ڈوبانا چاہتی ہوں ۔ میں خدا بننا چاہتی ہوں "

" ملکہ بننا کافی اچھا ہے " آدمی نے کہا لیکن پھر بھی وہ چلا گیا ۔

17

18

The fisherman stood by the fierce stormy sea and called to the fish. 'Being queen is not good enough for my wife. She wants to be god.'
'Go home,' said the golden fish. 'She is in her hut.'

مچھیرا خوفناک طوفانی سمندر کے پاس کھڑا ہوا اور پکار کر مچھلی سے کہا ۔ " ملکہ بننا بیوی کے لئے کافی اچھا نہیں ہے ۔ وہ خدا بننا چاہتی ہے ۔"

" گھر جاؤ " سنہری مچھلی نے کہا " وہ اپنی جھونپڑی میں ہے ۔"

And there they are to this very day.

اور وہ آج کے دن تک وہیں ہیں ۔

The Three Wishes

تین خواہشیں

A woodcutter was chopping down a tree. 'Don't chop me down,' said the tree, 'and I will give you three wishes.'

ایک لکڑہارا ایک درخت کاٹ رہا تھا۔ "تم مجھے مت کاٹو۔" درخت نے کہا۔ "میں تمہاری تین خواہشیں پوری کروں گا۔"

23

لکڑہارا گھر گیا اور اپنی بیوی کو بتایا۔ "ہمیں بہت ہوشیاری سے سوچنا چاہیئے" اس نے کہا۔ "ہم خواہشیں ضائع کرنا نہیں چاہتے۔"

The woodcutter went home and told his wife. 'We must think carefully,' she said. 'We don't want to waste the wishes.'

25

As the woodcutter was eating his supper he said, 'I wish I had a dumpling with this stew.'
　　　　And he did.

جس وقت لکڑہارا کھانا کھا رہا تھا اس نے کہا ،، میری خواہش ہے کہ اس اسٹیو کے ساتھ ڈمپلنگ ہو،،
اور ایسا ہو گیا ۔

”بے وقوف آدمی“ اس کی بیوی نے کہا۔ ”تم نے ایک خواہش ضائع کردی۔ میری خواہش ہے کہ وہ ڈمپلنگ تمھاری ناک کے سرے پر لگ جائے۔“

اور وہ لگ گئی۔

'You stupid man,' said his wife, 'you've wasted one of the wishes. I wish that dumpling was on the end of your nose.'

And it was.

29

The woodcutter was very angry. 'I wish this dumpling would disappear,' he said.

And it did.

لکڑہارا بہت غصّہ ہوا ۔ ”میری خواہش ہے کہ یہ ڈمپلنگ غائب ہو جائے ۔“ اس نے کہا ۔

اور وہ ہو گئی ۔

31

اس طرح انہوں نے تینوں خواہشیں ضائع کر دیں ۔

لکڑہارا جادو کا درخت پھر بہت دن تک ڈھونڈتا رہا ۔

لیکن وہ کبھی نہ ڈھونڈ سکا ۔

So they wasted the three wishes. The woodcutter spent many days trying to find the magic tree again.
        But he never did.

The Golden Touch

سنہرا لَمس

Long ago, in Greece, there lived a King called Midas. He was very rich and loved counting his gold coins. But Midas was unhappy, for he wanted to be richer still.

بہت زمانہ گذرا یونان میں ایک بادشاہ رہتا تھا جس کا نام مائی ڈاس تھا ۔ وہ بہت مال دار تھا اور اسے اپنے سونے کے سکّے گننا بہت پسند تھا ۔ لیکن مائی ڈاس خوش نہ تھا کیوں کہ وہ اور زیادہ مال دار ہونا چاہتا تھا ۔

ایک دن جب وہ گننے میں مشغول تھا تو ایک چھوٹا سا آدمی ظاہر ہوا۔ "بادشاہ مائی ڈاس" اس نے کہا۔ "تمہاری خواہش پوری ہوگی کیوں کہ تم جس چیز کو چھوؤ گے وہ سونے کی بن جائے گی۔"

One day as he was busy counting, a little man appeared. 'King Midas,' he said, 'your wish will come true, for everything you touch will turn to gold.'

And so it happened. As Midas touched them, all the chairs and tables, cushions and carpets turned to smooth shining gold and glittered in the sunlight.

اور ایسا ہی ہوا ۔ جیسے ہی مائیڈاس نے چھوا تمام کرسیاں اور میزیں، کُشن اور قالین چکنے چمکدار سونے
کے بن گئے اور دھوپ میں چمکنے لگے ۔

39

مائی ڈاس محل کے باغوں میں گیا۔ اس نے ہر پھول کو چھوا اور اسے سونے میں بدلتے دیکھا ۔ جلد ہی اسے بھوک لگنے لگی ۔ اس نے درخت سے انجیر توڑا ۔ لیکن اس کے ہونٹوں تک پہنچنے سے پہلے ہی وہ بھی سونے کا بن گیا تھا ۔

Midas went into the palace gardens. He touched each flower and watched as it turned to gold. Soon he felt hungry. He picked a fig from a tree, but before it had reached his lips, it, too, had turned to gold.

40

41

Just then the Princess came into the garden.

اسی وقت شہزادی باغ میں آگئی ۔

She ran towards her father, but as she reached out her hand to touch him, she turned into a golden statue.

وہ اپنے باپ کی طرف دوڑی لیکن جیسے ہی اس نے اس کو چھونے کے لئے اپنا ہاتھ بڑھایا وہ سونے کے مجسمے میں بدل گئی۔

43

دن گذرتے گئے ۔ مائی ڈاس بھوک کی وجہ سے کمزور ہو گیا ۔ اس کی خواہش ہوئی کہ اپنے آپ کو اس سونے کے لمس سے نجات دلائے اور پھر ایک بار اس کی بیٹی واپس مل جائے ۔

Days passed. Midas grew weak with hunger. He wished he could rid himself of his golden touch and have his daughter back once more.

اس رات وہی چھوٹا سا آدمی ظاہر ہوا ۔ "مائی ڈاس اپنے آپ کو سمندر میں دھوؤ" اس نے کہا "اور پھر کبھی لالچی مت بننا" مائی ڈاس نے ایسا ہی کیا اور جادو ٹوٹ گیا ۔

That night the little man appeared. 'Wash yourself in the sea, Midas,' he said, 'and never be greedy again.' Midas did this and the spell was broken.

47

Everything became as it was before, but Midas was never greedy again.

ہر چیز جیسی پہلے تھی ویسی ہی ہوگئی ۔ لیکن مائی ڈاس نے پھر کبھی لالچ نہیں کیا۔